BIBLIA
para niños

Historias de la Biblia para niños

Prefacio

Queridos lectores,

Soy Anna, la autora del libro de historias bíblicas para niños que acaban de comprar. Espero que disfruten leyendo este libro y que les ayude a ayudar a sus hijos a entender las historias bíblicas.

Quiero darle las gracias por haber elegido este libro. He puesto mi corazón y mi amor en escribir este libro, con la esperanza de que inspire a sus hijos y les ayude a aprender más sobre la Biblia.

Te animo a que dejes un comentario en la página de Amazon para compartir tu opinión sobre el libro. Esto ayudará a otros padres a decidir si comprarlo o no y también me animará a seguir escribiendo otros libros para niños.

De nuevo, muchas gracias por vuestro apoyo y espero que sigáis leyendo y descubriendo las maravillas de la Biblia.

Atentamente,

Anna.

Escanee este código QR para acceder a la página de comentarios

Contenido

Historias
del Antiguo Testamento

La creación del mundo

Hace mucho tiempo, no había nada en la Tierra. No había plantas, ni animales, ni seres humanos, nada de nada. Pero un día Dios decidió crear el mundo. Creó la Tierra, el cielo y el mar.

El primer día, Dios dijo: «Hágase la luz» y creó la luz y las tinieblas. El segundo día, creó el cielo separando las aguas que estaban por encima y por debajo de la Tierra.

El tercer día, Dios creó la tierra seca e hizo crecer las plantas y los árboles. En el cuarto día, creó el sol, la luna y las estrellas para iluminar la Tierra.

El quinto día, Dios creó los animales marinos y las aves. Y en el sexto día, creó a los animales terrestres y a los seres humanos. Creó a Adán, el primer hombre, a su imagen y semejanza.

Dios vio que todo lo que había creado era bueno. Y el séptimo día descansó de su trabajo.

Y así creó Dios el mundo en seis días.

He aquí dos versículos importantes del Génesis para recordar sobre la creación:

Génesis 1:1 - «En el principio creó Dios los cielos y la tierra».

Este es el primer versículo de la Biblia y explica que Dios es el creador de todo. Es importante porque establece la autoridad de Dios sobre el universo.

Génesis 1:27 - «Y creó Dios al hombre a su imagen, a imagen de Dios lo creó; varón y hembra los creó».

Este versículo es importante porque muestra que todo ser humano ha sido creado a imagen de Dios, lo que le confiere un gran valor y dignidad. También nos recuerda que tanto el hombre como la mujer fueron creados por Dios y, por tanto, son iguales.

Adán y Eva

Hace mucho tiempo, al principio del mundo, Dios creó a un hombre al que llamó Adán. Adán vivía en un hermoso jardín llamado el Jardín del Edén. En el jardín había árboles, flores, animales y fruta deliciosa para comer. Adán tenía todo lo que necesitaba y era muy feliz.

Un día, Dios creó una mujer para Adán, a la que llamó Eva. Adán y Eva eran muy felices juntos y empezaron a explorar juntos el jardín. Dios les dio una regla importante: no debían comer del fruto del árbol de la ciencia del bien y del mal.

Desgraciadamente, un día vino una serpiente astuta, habló con Eva y la convenció para que comiera del fruto prohibido. Eva comió el fruto y se lo dio a Adán, que también lo comió. Esto fue una desobediencia a Dios y un error. Entonces se dieron cuenta de que estaban desnudos y se escondieron.

Dios descubrió lo que habían hecho y les reprendió por su desobediencia. Les dijo que ahora debían vivir fuera del jardín y trabajar duro para cultivar su propia comida. Adán y Eva tuvieron que abandonar el jardín y comenzaron su vida fuera del Edén.

He aquí dos versículos del Génesis para saber más sobre Adán, Eva y el Jardín del Edén:

Génesis 2:7 - «Y Jehová Dios formó al hombre del polvo de la tierra, y sopló en su nariz aliento de vida, y fue el hombre un ser viviente.»

Génesis 2:15-17 - «Y tomó Jehová Dios al hombre, y lo puso en el huerto de Edén, para que lo labrase y lo guardase. Y el Señor Dios mandó al hombre, diciendo: Puedes comer de todos los árboles del jardín; pero no comerás del árbol del conocimiento del bien y del mal, porque el día que comas de él, ciertamente morirás.»

Abel y Caín

Érase una vez, en la Biblia, dos hermanos llamados Abel y Caín. Abel era pastor, mientras que Caín era agricultor. Ambos ofrecían sacrificios a Dios, pero Dios prefería las ofrendas de Abel a las de Caín.

Caín estaba muy celoso de su hermano Abel, y un día le invitó a dar un paseo por el campo. Allí, Caín golpeó a su hermano Abel y lo mató. Cuando Dios le preguntó dónde estaba Abel, Caín mintió y dijo que no lo sabía.

Dios castigó a Caín por su crimen condenándolo a vagar por la tierra. Pero incluso en esta situación, Dios tuvo misericordia de Caín y lo protegió de los que querían matarlo.

Esta historia nos enseña la importancia de no tener celos de los demás y de no dejar que nuestros celos nos lleven a hacer cosas terribles. Tenemos que estar agradecidos por lo que tenemos y trabajar duro para alcanzar nuestros sueños, en lugar de tener envidia de los sueños de los demás.

«Abel era pastor de ovejas y Caín labrador de la tierra. Pasado un tiempo, Caín ofreció a Yahveh el fruto de la tierra, y Abel ofreció los primogénitos de su rebaño y la grosura de ellos. Y Jehová miró con agrado a Abel y a su ofrenda; pero no miró con agrado a Caín y a su ofrenda.» (Génesis 4:2-5)

«Y Jehová dijo a Caín: ¿Por qué te enojas, y por qué tienes el rostro abatido? Ciertamente, si hicieres lo recto, alzarás tu rostro; pero si hicieres lo malo, el pecado se acostará a la puerta, y sus concupiscencias serán hacia ti; pero tú te enseñorearás de él.» (Génesis 4:6-7)

Noé y el diluvio

Hace mucho tiempo, el mundo estaba lleno de maldad y violencia. Pero había un hombre llamado Noé que era justo y bueno. Dios lo vio y decidió salvar a Noé y a su familia de la destrucción que se avecinaba.

Así que Dios le dijo a Noé que construyera un gran barco llamado arca. Le dijo a Noé que recogiera dos animales de cada especie y los metiera con su familia en el arca. Noé obedeció y construyó el arca con la ayuda de Dios.

Entonces llegó el diluvio. Llovió durante 40 días y 40 noches, y el agua cubrió toda la tierra. Pero Noé, su familia y los animales estaban a salvo en el arca.

Al cabo de varios meses, las aguas empezaron a retirarse. El arca llegó finalmente a tierra seca, y Noé liberó a los animales para que se reprodujeran y repoblaran la tierra. Dios prometió que nunca más destruiría la tierra con un diluvio.

La historia de Noé y el diluvio nos enseña que Dios cuida y protege a quienes le obedecen.

He aquí dos versículos bíblicos importantes para recordar sobre la historia de Noé y el diluvio:

Génesis 6:13-14 - «Entonces Dios dijo a Noé: «He decidido acabar con todos los seres humanos, porque la tierra está llena de violencia por su culpa; así que los destruiré con la tierra. Hazte un arca de madera de ciprés; la harás con compartimentos y la cubrirás de brea por dentro y por fuera.»

Génesis 6:8 - «Pero Noé halló gracia ante los ojos del Señor».

Dios vio la bondad de Noé y lo eligió para ser salvado durante el diluvio. Aunque el mundo estaba lleno de maldad y violencia, Noé continuó siguiendo a Dios y fue recompensado por su fidelidad.

Abraham y la promesa de Dios

Hace mucho tiempo, en una región llamada Ur, vivía un hombre llamado Abraham. Un día, Dios se apareció a Abraham y le hizo una promesa increíble: le dijo que haría de él un gran pueblo y le daría una tierra para su descendencia.

Abraham creyó a Dios y siguió su promesa. Abandonó su tierra natal y viajó con su familia y sus rebaños a la tierra de Canaán, que Dios le había prometido.

Abraham tuvo un hijo llamado Isaac, al que quería mucho. Un día, Dios le pidió a Abraham que sacrificara a su hijo Isaac. Esto escandalizó a Abraham, pero siguió las instrucciones de Dios, sabiendo que Dios tenía un plan mayor en mente.

Abraham llevó a Isaac a una montaña y comenzó a preparar el sacrificio. Pero en el último momento, Dios detuvo a Abraham e impidió el sacrificio. Vio que la fe y la sumisión de Abraham eran verdaderas y sinceras.

Dios bendijo a Abraham y a Isaac y siguió cumpliendo su promesa de hacer de Abraham un gran pueblo. Esta historia nos muestra la confianza y la fe de Abraham en Dios, y la fidelidad de Dios a sus promesas.

Es importante creer y confiar en Dios, incluso cuando no entendemos todo lo que ocurre a nuestro alrededor. Al final, Dios siempre tiene un plan para nosotros y nos guiará por el camino correcto.

He aquí dos versículos bíblicos para leer sobre la historia de Abraham, la promesa de Dios y el sacrificio de Isaac:

Génesis 22:2 - «Dios dijo: 'Toma a tu hijo, tu único hijo, el que amas, Isaac; ve a la tierra de Moriah, y ofrécelo allí en holocausto sobre uno de los montes que yo te diré'».

Este versículo es importante porque muestra cómo Dios le pidió a Abraham que hiciera un sacrificio difícil y pusiera a prueba su fe. También muestra la confianza de Abraham en Dios, que obedeció el llamado de Dios sin vacilar.

Génesis 22:18 - «y todas las naciones de la tierra serán benditas en tu descendencia, porque has obedecido mi voz».

Esaú y Jacob

Había dos hermanos gemelos llamados Esaú y Jacob. Esaú era el hijo mayor y, por tanto, el heredero de la bendición de su padre Isaac. Pero un día Esaú volvió de cazar hambriento y cansado. Jacob había preparado un plato de lentejas y Esaú le pidió que le diera de comer. Jacob aceptó con la condición de que Esaú le diera a cambio su primogenitura, la herencia de su padre. Esaú, que se moría de hambre, aceptó el intercambio sin pensárselo.

Más tarde, Isaac se quedó ciego y decidió dar su bendición a su hijo mayor Esaú. Jacob, que quería la bendición para él, se disfrazó de Esaú y engañó a su padre para conseguir la bendición.

Cuando Esaú se enteró de lo sucedido, se puso furioso y planeó matar a Jacob. Jacob tuvo que huir y se fue a vivir con su tío Labán. Allí conoció a Raquel, la hija de Labán, y se enamoró de ella. Pero Labán quería que Jacob trabajara para él durante siete años antes de casarse con ella. Jacob aceptó y trabajó duro durante siete años, pero la noche de bodas Labán engañó a Jacob para que le diera a su hija mayor, Lea. Jacob tuvo que trabajar otros siete años antes de poder casarse con Raquel.

Finalmente, Jacob regresó a su país con su familia y se encontró con Esaú en el camino. Tenía miedo de la reacción de su hermano, pero Esaú le saludó cordialmente y se reconciliaron.

2 versículos para la historia de Esaú y Jacob:

«Jacob había preparado un plato. Esaú volvió de cazar, agotado. Le dijo a Jacob: «Dame un poco de ese plato rojo. Tengo mucha hambre. Por eso este lugar se llama Edom (que significa «rojo»)». - Génesis 25:30

«Jacob engañó a Esaú y tomó su bendición. Esaú se puso furioso y planeó matar a Jacob. Jacob tuvo que huir y se fue a vivir con su tío Labán». - Génesis 27:36-41

José y sus sueños

Hace mucho tiempo, en una tierra llamada Canaán, vivía un muchacho llamado José. Tenía once hermanos mayores que él. José era el hijo predilecto de su padre Jacob, y esto provocaba los celos de sus hermanos.

Un día, José soñó que era el más importante de sus hermanos y que éstos se inclinaban ante él. Cuando contó el sueño a sus hermanos, éstos se enfadaron y se burlaron de él.

Más tarde, José tuvo otro sueño en el que el sol, la luna y once estrellas se inclinaban ante él. Contó este sueño a su padre y a sus hermanos, y su padre comprendió que esto significaba que José sería un día su líder.

Sus hermanos se pusieron aún más celosos de él y empezaron a odiarle. Un día, cuando estaban todos juntos, decidieron vender a José como esclavo a unos mercaderes.

Llevaron a José a Egipto, donde lo vendieron a un hombre llamado Potifar. José trabajó duro y Dios lo bendijo. Pero un día fue acusado falsamente de robo y enviado a prisión.

En la cárcel, José interpretó los sueños de otros dos prisioneros. Uno de los prisioneros era el administrador del vino del faraón, que se acordó de José cuando el propio faraón tuvo un sueño que no pudo interpretar.

El faraón llamó a José y le contó su sueño. José le explicó que significaba que habría siete años de buenas cosechas seguidos de siete años de hambruna. El faraón quedó impresionado y nombró a José jefe de suministros de Egipto.

Pasaron los años y llegó el hambre, como José había predicho. Los hermanos de José, que habían llegado a Egipto en busca de comida, se inclinaron ante él, al darse cuenta de que los sueños de José se habían hecho realidad. José los perdonó y los llevó de vuelta con su padre a Canaán, donde vivieron felices juntos.

He aquí dos versículos sobre José y sus sueños:

Génesis 37:5-8 - «José tuvo un sueño, y se lo contó a sus hermanos, y ellos lo odiaron aún más. Él les dijo: 'Escuchen el sueño que tuve. Estábamos atando gavillas en medio del campo, y he aquí que mi gavilla se levantaba y se ponía en pie, y vuestras gavillas la rodeaban y se inclinaban ante ella. Y sus hermanos le dijeron: ¿Quieres, pues, reinar sobre nosotros y gobernarnos aún más? Y le aborrecieron aún más, a causa de sus sueños y a causa de sus palabras.»

Génesis 41:15-16 - «Faraón dijo a José: 'He tenido un sueño. Nadie puede explicarlo; y yo he oído que tú explicas un sueño, después de oírlo. José respondió a Faraón: '¡No soy yo! Es Dios quien dará al Faraón una respuesta favorable».

Moisés y el Éxodo

Hace mucho tiempo, el pueblo de Israel era esclavo en Egipto. Trabajaban muy duro y eran maltratados por los egipcios. Pero Dios tenía un plan para liberarlos de la esclavitud. Y para ello eligió a un hombre llamado Moisés.

Un día Moisés vio una zarza en llamas, pero no ardía. Entonces Dios le habló y le pidió que liberara al pueblo de Israel de la esclavitud. Moisés aceptó y fue a ver al faraón para pedirle que liberara a los israelitas. Pero el faraón se negó.

Entonces Dios envió diez plagas sobre Egipto para mostrar su poder. Pero incluso después de eso, el faraón seguía negándose a liberar a los israelitas. Entonces Dios envió la décima plaga: la muerte de los primogénitos. Pero dio a los israelitas una forma de protegerse de esta plaga: sacrificar un cordero y poner su sangre en las puertas de su casa.

Finalmente, el faraón dejó marchar a los israelitas, pero cambió de opinión y fue tras el pueblo. Dios abrió el Mar Rojo para que los israelitas pudieran cruzarlo sin peligro. Pero cuando los egipcios intentaron seguirlos, el mar se cerró sobre ellos.

Los israelitas se adentraron entonces en el desierto, donde Dios les dio los Diez Mandamientos para que supieran cómo vivir y obedecer a Dios. Moisés guió al pueblo de Israel por el desierto durante 40 años hasta que finalmente llegaron a la Tierra Prometida.

Esta historia nos muestra cómo Dios utilizó a Moisés para liberar a los israelitas de la esclavitud y guiarlos hasta la Tierra Prometida. También muestra cómo la fe en Dios puede ayudarnos a superar las dificultades y a seguir el camino correcto.

Dos versículos bíblicos para la historia de Moisés y el Éxodo:

Éxodo 14:21 - «Moisés extendió su mano sobre el mar. Y el Señor hizo retroceder el mar con un fuerte viento del este que sopló toda la noche; hizo secar el mar, y las aguas se dividieron».

Este versículo muestra cómo Dios usó a Moisés para realizar un milagro y cómo Él puede hacer cosas asombrosas por aquellos que tienen fe en Él.

Éxodo 20:1-17 - «Y habló Dios todas estas palabras, diciendo: Yo soy el SEÑOR tu Dios, que te saqué de la tierra de Egipto, de la casa de servidumbre. No tendrás dioses ajenos delante de mí».

Sansón y Dalila

Sansón era un hombre muy fuerte y poderoso. Era el juez de Israel y Dios le había dado una gran fuerza para ayudar a su pueblo. Sin embargo, tenía una debilidad: su larga cabellera, que era un símbolo de su fuerza.

Un día, Sansón conoció a una hermosa mujer llamada Dalila. Pero lo que él no sabía era que Dalila trabajaba para los filisteos, los enemigos de Israel. Los filisteos ofrecieron mucho dinero a Dalila para que descubriera el secreto de la fuerza de Sansón.

Dalila le pidió varias veces a Sansón que le revelara su secreto, pero Sansón le daba respuestas falsas. Finalmente, Sansón le dijo que su fuerza provenía de su cabello.

Un día Sansón se durmió en el regazo de Dalila y ella le cortó el pelo. La fuerza de Sansón lo abandonó y los filisteos lo capturaron. Lo hicieron prisionero y le sacaron los ojos.

Sin embargo, Sansón rezó a Dios para que le devolviera la fuerza y Dios respondió a su oración. En una gran reunión de filisteos, Sansón derribó las columnas del templo y mató a todos sus enemigos, incluido él mismo.

Esta historia muestra que debemos tener cuidado al elegir a nuestros amigos y que no debemos revelar nuestros secretos más profundos a cualquiera. También debemos confiar en Dios en los momentos difíciles.

He aquí dos versículos bíblicos relacionados con la historia de Sansón y Dalila:

«Dalila tomó las siete trenzas de Sansón y las retorció con el huso. Y gritó: '¡Los filisteos están sobre ti, Sansón! Y él rompió las cuerdas, como se rompe un trozo de encina cuando huele a fuego. Y no se sabía de dónde le venía la fuerza. (Jueces 16:9-20)

Sansón dijo al muchacho que lo llevaba de la mano: «Déjame, y deja que toque las columnas sobre las que se asienta la casa y me apoye en ellas. Y la casa estaba llena de hombres y mujeres, y todos los príncipes de los filisteos estaban allí, y había unas tres mil personas en el tejado, hombres y mujeres, viendo jugar a Sansón. Y Sansón invocó al SEÑOR, diciendo: Señor Yahveh, acuérdate de mí, te lo ruego, y fortaléceme, te lo ruego, sólo por esta vez, oh Dios, para que pueda vengarme de mis dos ojos de los filisteos de un solo golpe.» (Jueces 16:26-28)

David y Goliat

Hace mucho tiempo, los filisteos y los israelitas estaban luchando. Los filisteos tenían un campeón gigante llamado Goliat. Medía más de tres metros y llevaba una armadura muy pesada. Los israelitas le temían y nadie se atrevía a luchar contra él.

Entonces llegó un joven pastor llamado David. Era pequeño y no llevaba armadura, sólo una honda y piedras. Pero tenía mucha fe en Dios y creía que Dios le protegería.

David se ofreció a luchar contra Goliat, y el rey aceptó. La gente intentó darle una armadura, pero David se negó. Cogió cinco piedras lisas de una bolsa y fue a luchar contra Goliat.

Goliat se rió de él e intentó intimidarle, pero David respondió con confianza. Utilizó su honda para lanzar una piedra a Goliat, que le dio en la frente. Goliat cayó al suelo y David corrió a coger la espada de Goliat y le cortó la cabeza.

La victoria de David animó a los israelitas y los filisteos fueron derrotados. David se convirtió en un héroe en todo Israel.

Esta historia nos muestra cómo la fe en Dios puede ayudarnos a superar nuestros miedos y lograr grandes cosas. David derrotó a Goliat confiando en Dios y utilizando los dones que había recibido, aunque no era el más grande ni el más fuerte. También muestra cómo Dios puede utilizar a cualquiera para lograr grandes cosas.

He aquí dos versículos bíblicos para conocer la historia de David y Goliat:

1 Samuel 17:45 - «Tú marchas contra mí con espada, lanza y jabalina; y yo marcho contra ti en el nombre del Señor de los ejércitos, el Dios de los ejércitos de Israel, a quien tú has insultado».
Este versículo muestra la gran fe de David en Dios, y cómo puso su confianza en Dios para derrotar a Goliat, en lugar de confiar en sus propias habilidades.

1 Samuel 17:49-50 - «Y metiendo David la mano en su bolsa, sacó de ella una piedra, y arrojándola con su honda, hirió al filisteo en la frente; y la piedra se hundió en la frente del filisteo, el cual cayó de bruces en tierra. Así que con honda y piedra David fue más fuerte que el filisteo, y lo derribó y le quitó la vida, sin tener espada en la mano.»

Rey Salomón

Érase una vez un rey muy sabio y poderoso llamado Salomón. Era hijo de David, que también fue un gran rey de Israel. Salomón era conocido por su sabiduría y riqueza. Se dice que Dios le dio la sabiduría para gobernar a su pueblo.

Un día, dos mujeres se presentaron ante Salomón con un bebé. Ambas afirmaban ser la madre del bebé y discutían por su custodia. Salomón, para resolver la disputa, ordenó que el bebé se dividiera en dos y que cada mujer recibiera la mitad. Una de las mujeres aceptó, pero la otra protestó inmediatamente, prefiriendo dar el bebé a la otra mujer antes que verlo morir. Salomón supo así cuál era la verdadera madre y le devolvió el bebé.

Salomón también construyó el primer templo de Jerusalén, donde el pueblo de Israel rendía culto a Dios. Fue un gran constructor y construyó muchos otros edificios importantes en su reino.

Por desgracia, Salomón también cometió errores. Se casó con muchas mujeres extranjeras y empezó a adorar a sus dioses, lo que acabó provocando la división de su reino tras su muerte. A pesar de ello, Salomón sigue siendo uno de los reyes más famosos y queridos de la historia de Israel.

¿Sabes cómo ser sabio como Salomón y tomar las decisiones correctas en tu vida?

He aquí dos versículos bíblicos sobre el rey Salomón:

«Y dio Dios a Salomón sabiduría y muy grande inteligencia, y amplitud de entendimiento como la arena que está junto al mar». (1 Reyes 5:9)

«El rey Salomón superó a todos los reyes de la tierra en riqueza y sabiduría». (1 Reyes 10:23)

Jonás y el gran pez

Érase una vez un hombre llamado Jonás, que debía predicar la palabra de Dios al pueblo de la ciudad de Nínive. Pero Jonás no quería ir, porque tenía miedo. Así que decidió tomar un barco y huir de Nínive. Pero Dios no estaba contento con esto.

Mientras Jonás estaba en el mar, se desató una terrible tormenta. Los marineros se asustaron y rezaron a sus dioses para que les ayudaran, pero nada funcionó. Jonás les dijo que era culpa suya porque había desobedecido a Dios. Les pidió que lo arrojaran al mar para aplacar la ira de Dios.

Los marineros arrojaron a Jonás al agua y un gran pez se lo tragó. Durante tres días y tres noches, Jonás permaneció en el vientre del pez, donde rezó a Dios para que lo salvara.

Finalmente, Dios escuchó su plegaria y ordenó al pez que escupiera a Jonás en la playa. Jonás se dio cuenta entonces de que Dios quería que fuera a predicar al pueblo de Nínive, y se dirigió a la ciudad para cumplir su misión.

Y así Jonás descubrió la importancia de seguir los mandatos de Dios y de tener fe en él.

He aquí dos versículos importantes de la historia de Jonás y el gran pez:

«Jonás oró a Yahveh su Dios desde el vientre del pez. Dijo: 'Clamé a Yahveh desde el medio de mi angustia, y él me respondió; desde el Seol pedí ayuda, y tú oíste mi voz'». - Jonás 2:1-2

«Habló Yahveh al pez, y el pez vomitó a Jonás sobre la tierra». - Jonás 2:10

Rut y Noemí

Érase una vez una mujer llamada Noemí y su marido, Elimelec. Vivían en la ciudad de Belén con sus dos hijos, Mahlón y Kilión. Un día abandonaron su país a causa de una hambruna y se fueron a vivir a la tierra de Moab. Desgraciadamente, al cabo de unos años, Elimelec murió, dejando a Noemí sola con sus dos hijos, que se casaron con mujeres moabitas, Orfa y Rut.

Desgraciadamente, los dos hijos de Noemí también murieron. Noemí se sintió muy sola y triste en tierra extranjera, por lo que decidió regresar a Belén, su ciudad natal. Les dijo a sus nueras que se quedaran con su familia y se volvieran a casar, pero Rut decidió quedarse con ella y seguirla hasta Belén.

Cuando llegaron a Belén, Noemí era muy pobre y Rut tenía que recoger espigas de los campos para alimentarse ella y su suegra. Afortunadamente, Rut trabajaba en los campos de un hombre rico llamado Booz, que se fijó en su bondad y su duro trabajo. Acabó casándose con Rut y juntos ayudaron a Noemí a superar su pobreza.

Rut se convirtió en una mujer respetada y querida en la ciudad, e incluso llegó a ser bisabuela del gran rey David.

La historia de Rut y Noemí nos enseña la importancia del amor, la compasión, el trabajo duro y la lealtad a nuestra familia y amigos.

He aquí dos versículos bíblicos para la historia de Rut y Noemí:

«No me presiones para que te deje, para que me aleje de ti. Donde tú vayas yo iré, donde tú habites yo habitaré; tu pueblo será mi pueblo, y tu Dios será mi Dios». (Rut 1:16)

«Rut la moabita dijo a Noemí: 'Iré al campo a recoger espigas detrás de aquel con quien hallaré gracia'. Y ella le dijo: 'Ve, hija mía'». (Rut 2:2)

Daniel en el foso de los leones

Daniel era un hombre muy sabio y respetado. Trabajaba para el rey de Babilonia, que lo había nombrado jefe de todos los sabios del país. Pero los otros sabios estaban celosos de Daniel y buscaban la manera de despedirlo.

Así que pidieron al rey que promulgara una ley que prohibiera rezar a cualquier dios que no fuera el propio rey. Daniel, que amaba a Dios más que a nada, no podía obedecer esta ley. Siguió rezando como de costumbre, abriendo las ventanas para que todos pudieran verlo.

Los otros sabios denunciaron entonces a Daniel ante el rey. Aunque el rey amaba mucho a Daniel, no podía quebrantar su propia ley. Así que ordenó que arrojaran a Daniel al foso de los leones.

El rey pasó la noche en vela preocupado por Daniel. A la mañana siguiente fue al foso y llamó a Daniel. Contra todo pronóstico, Daniel respondió. Dios había enviado un ángel para cerrar la boca de los leones, que no habían tocado a Daniel.

El rey se dio cuenta de que el Dios de Daniel era el Dios verdadero y ordenó que liberaran a Daniel. Los otros sabios fueron arrojados a su vez al foso de los leones y no tuvieron la oportunidad de sobrevivir como Daniel.

Esta historia muestra que Dios puede proteger y salvar a quienes le son fieles, incluso en los momentos más difíciles.

He aquí dos versículos que se relacionan con la historia de Daniel en el foso de los leones:

Daniel 6:23: «Entonces el rey se alegró mucho, y mandó sacar a Daniel del foso. Así que Daniel fue sacado del foso y no se le encontró ninguna herida, porque había confiado en su Dios.»

Daniel 6,27: «El libra y salva, hace señales y prodigios en el cielo y en la tierra. Él fue quien libró a Daniel del poder de los leones».

La fe y la confianza de Daniel en Dios fueron recompensadas, pues Dios lo protegió y lo salvó del foso de los leones. También nos recuerdan que Dios tiene el poder de obrar milagros y prodigios para salvar a sus hijos fieles.

Ester y el rey Jerjes

Hace mucho tiempo, en un reino llamado Persia, había un rey llamado Jerjes. Era muy rico y poderoso, pero también era muy descuidado y a menudo actuaba sin pensar.

Un día, Jerjes organizó una gran fiesta para celebrar su riqueza y su poder. Durante la fiesta, el rey ordenó a la reina que fuera a verle para que todos pudieran admirarle. Sin embargo, la reina se negó a ir.

El rey Jerjes se enfadó mucho y decidió echar a la reina. Entonces organizó un concurso para encontrar una nueva reina. Se presentaron muchas jóvenes, pero ganó una llamada Ester.

Ester era muy guapa e inteligente. Pero también tenía un secreto: era judía, una minoría religiosa en el reino de Persia.

Un día, un hombre malvado llamado Amán se convirtió en uno de los consejeros del rey. A Amán no le gustaban los judíos y convenció al rey para que decretara la muerte de todos los judíos del reino.

Ester se da cuenta de que su vida y la de su pueblo corren peligro, así que decide hablar con el rey. Sin embargo, hablar con el rey sin haber sido invitado era un delito grave y podía acarrear la muerte.

Pero Ester fue valiente. Rezó y ayunó durante tres días y luego se presentó ante el rey. La belleza y el valor de Ester conmovieron al rey, que decidió cambiar el decreto y salvar a los judíos.

Al final, Amán fue castigado por sus malas acciones y los judíos se salvaron gracias al valor y la determinación de Ester.

Desde entonces, los judíos celebran cada año la fiesta de Purim para conmemorar esta increíble historia.

He aquí un versículo de la historia de Ester:

«Porque si ahora callas, de otra parte vendrá ayuda y liberación a los judíos, y tú y la casa de tu padre pereceréis. ¿Y quién sabe si no es por un tiempo como éste que has alcanzado la realeza?» (Ester 4:14)

La fe de Job

Érase una vez un hombre llamado Job. Era muy rico y tenía una hermosa familia. Job amaba a Dios y era conocido por su bondad y rectitud. Un día, Satanás pidió permiso a Dios para poner a prueba la fe de Job. Dios le permitió a Satanás hacer todo lo que quisiera, excepto tocar al propio Job.

Satanás comenzó a destruir todo lo que Job tenía: su riqueza, su familia y su salud. Job perdió todo lo que tenía y se sintió muy infeliz. Acudió a sus amigos en busca de ayuda, pero todos empezaron a decirle que debía de haber hecho algo malo para merecer todo esto.

Job se negó a perder la fe en Dios, incluso en los momentos más difíciles. Finalmente, Dios habló a Job y le reveló que todo formaba parte de un plan mayor, aunque él no podía entender todo lo que estaba ocurriendo. Al final, Job recuperó todo lo que había perdido y mucho más.

La historia de Job es un ejemplo de cómo la fe en Dios puede ayudarnos a superar los momentos difíciles de la vida. Aunque no entendamos todo lo que sucede, podemos confiar en que Dios nos guiará y nos apoyará.

He aquí dos versículos para la historia de Job:

«El Señor dio a Job el doble de riquezas que antes. Tenía catorce mil ovejas, seis mil camellos, mil yuntas de bueyes y mil asnos. También tenía siete hijos y tres hijas». - Job 42:10-13

«El Señor dijo a Satanás: '¿Te has fijado en mi siervo Job? No tiene igual en la tierra: es un hombre íntegro y recto, temeroso de Dios y apartado del mal.'» - Job 1:8

Historias
del Nuevo Testamento

El nacimiento de Jesús

Hace mucho tiempo, en un pueblo llamado Nazaret, vivía una joven llamada María. Era muy buena y amaba mucho a Dios. Un día se le apareció un ángel y le dijo que iba a tener un hijo muy especial. Este bebé sería el hijo de Dios y se llamaría Jesús.

María se sorprendió mucho, pero creyó en el ángel y en la promesa de Dios. Poco después, María se casó con un hombre llamado José, y ambos viajaron a una ciudad llamada Belén para ser empadronados.

Cuando llegaron a Belén, encontraron todas las posadas llenas. Finalmente encontraron refugio en un establo, donde María dio a luz a Jesús. Lo envolvió en pañales y lo acostó en un pesebre.

En los campos de los alrededores de Belén había pastores cuidando sus ovejas. De repente se les apareció un ángel y les dijo que en Belén había nacido el Salvador. Los pastores se asombraron y decidieron buscar al niño.

Cuando encontraron a María, José y Jesús en el establo, se arrodillaron para adorar al recién nacido. Se dieron cuenta de que aquel niño era el hijo de Dios, y comprendieron que Dios les amaba tanto que les había enviado un salvador.

El nacimiento de Jesús nos recuerda que Dios está siempre con nosotros, incluso en los momentos difíciles, y que en Él podemos encontrar esperanza y alegría. También es un recordatorio de que el nacimiento de Jesús fue un gran acto de amor por parte de Dios, que envió a su hijo para salvarnos y darnos la vida eterna.

He aquí dos versículos bíblicos importantes para recordar sobre el nacimiento de Jesús:

Lucas 2:11 - «Hoy os ha nacido en la ciudad de David un Salvador, que es Cristo el Señor».

Este versículo es importante porque anuncia el nacimiento de Jesucristo como el Salvador del mundo, enviado por Dios para ofrecernos la salvación.

Juan 1:14 - «La Palabra se hizo carne y habitó entre nosotros, y contemplamos su gloria, una gloria semejante a la del Hijo unigénito del Padre, lleno de gracia y de verdad».

Jesús vino a la tierra en forma humana, habitando entre nosotros, para mostrarnos la gracia y la verdad de Dios. Esto nos recuerda que su nacimiento fue un acontecimiento extraordinario y maravilloso que cambió el curso de la historia de la humanidad.

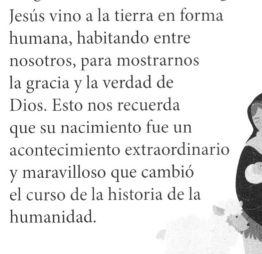

Los milagros de Jesús

Jesús es un hombre muy especial, enviado por Dios para ayudar a la gente. Hizo muchas cosas maravillosas, llamadas milagros, que demostraron a la gente que realmente era el hijo de Dios.

Jesús curó a los enfermos. Curó a los ciegos para que vieran, a los sordos para que oyeran y a los cojos para que caminaran. Sanó a los leprosos, una enfermedad muy grave que en aquella época se consideraba incurable. Incluso curó a personas que habían muerto, como Lázaro.

Jesús también hizo cosas asombrosas con la comida. Alimentó a 5000 personas con sólo cinco panes y dos peces. También convirtió el agua en vino en una boda.

Jesús calmó tormentas y olas, demostrando que tenía poder sobre la naturaleza. Caminó sobre el agua, lo que era imposible para un hombre normal.

Jesús también expulsó demonios, que eran espíritus malignos que atormentaban a la gente. Liberó a la gente de sus garras, dándoles una nueva vida.

Todos estos milagros demostraron a la gente que Jesús era realmente el hijo de Dios, y que había venido a la tierra para ayudarles y mostrarles el amor de Dios. Estos milagros nos recuerdan que Jesús siempre está ahí para ayudarnos y curarnos, y que nada es imposible para Él.

Al conocer a Jesús y confiar en él, podemos descubrir un amor y una alegría profundos que nos ayudarán a lo largo de nuestra vida.

He aquí dos versículos bíblicos sobre los milagros de Jesús:

Juan 2:11 - «Este fue el principio de las señales que hizo Jesús. Manifestaba su gloria, y sus discípulos creían en él». Los milagros de Jesús eran «señales» que mostraban su poder y divinidad, y llevaban a la gente a creer en él.

Hechos 10:38 - «Vosotros sabéis cómo Dios ungió con el Espíritu Santo y con poder a Jesús de Nazaret, el cual anduvo haciendo bienes y sanando a todos los que estaban bajo el poder del diablo, porque Dios estaba con él.»

Los milagros de Jesús eran el resultado del poder de Dios en él, y que Jesús usaba sus milagros para hacer el bien y liberar a la gente de las garras del diablo.

La parábola del buen samaritano

Un día, un experto en la ley preguntó a Jesús: «Maestro, ¿qué debo hacer para tener vida eterna?». Jesús le respondió preguntándole: «¿Qué está escrito en la ley? ¿Cómo se lee?»

El experto en la ley respondió: «Debes amar al Señor tu Dios con todo tu corazón, con toda tu alma, con todas tus fuerzas y con toda tu mente, y amar a tu prójimo como a ti mismo.» Jesús le dijo: «Has respondido bien. Haz esto y vivirás».

Pero el experto en la ley quiso poner a prueba a Jesús y le preguntó: «¿Y quién es mi prójimo?». Jesús contó entonces la parábola del buen samaritano.

Érase una vez un hombre que iba de Jerusalén a Jericó. En el camino, fue asaltado por unos ladrones, que lo golpearon, le quitaron todo lo que tenía y lo dejaron por muerto al borde del camino.

Pronto llegó al camino un sacerdote. Vio al hombre herido, pero cruzó al otro lado del camino y siguió su camino. Luego llegó un levita. También vio al herido, pero pasó al otro lado del camino y siguió su camino.

Finalmente, llegó un samaritano. Los samaritanos eran considerados enemigos de los judíos, pero este hombre se apiadó del herido. Se acercó a él, curó sus heridas, lo montó en su propio burro y lo llevó a una posada. Allí le cuidó toda la noche e incluso le pagó el alojamiento.

Jesús preguntó entonces al experto de la ley: «¿Cuál de estos tres crees que era el prójimo del hombre que había caído en manos de los ladrones?». El experto de la ley respondió: «El que le mostró compasión». Jesús le dijo: «Vete y haz tú lo mismo».

La parábola del buen samaritano nos enseña que es importante ayudar a los demás, aunque no sean personas que conocemos o de las que somos amigos. Debemos estar dispuestos a ayudar a quien lo necesite, sin importar quién sea. Así es como amamos a nuestro prójimo, y así es como mostramos nuestro amor a Dios.

He aquí un versículo que puede asociarse con la parábola del buen samaritano:

«Todo lo que queráis que los hombres hagan por vosotros, haced vosotros lo mismo por ellos, porque esto es la ley y los profetas». (Mateo 7:12)

Debemos tratar a los demás como nos gustaría que nos trataran a nosotros, y estar dispuestos a ayudar a quienes necesitan nuestra ayuda.

La vida de Pablo

Pablo fue un hombre muy importante en la historia del cristianismo. Al principio se llamaba Saulo, y no le gustaban los cristianos. De hecho, los perseguía y quería detenerlos a toda costa. Un día, cuando se dirigía a Damasco para arrestar a unos cristianos, apareció una luz brillante y Saulo cayó al suelo. Jesús se le apareció y le preguntó por qué perseguía a los cristianos. Este encuentro cambió por completo la vida de Saulo. Empezó a creer en Jesús y se hizo cristiano. Fue bautizado y recibió el nombre de Pablo.

Después de eso, Pablo fue a muchos lugares para predicar el Evangelio y ayudar a otros a creer en Jesús. Viajó por muchos países y conoció a gente de todo tipo y cultura. Escribió muchas cartas a las iglesias, enseñando y animando a los cristianos en su fe.

Pablo fue encarcelado varias veces por predicar el Evangelio, pero incluso en prisión siguió predicando y escribiendo cartas. Sus escritos son hoy una parte importante de la Biblia.

Pablo fue un ejemplo de dedicación y fe en Jesús. Fue un gran líder en la Iglesia y trabajó duro para compartir el amor de Jesús con los demás. Su historia nos muestra que, independientemente de los errores que hayamos cometido en el pasado, todos podemos cambiar y convertirnos en mejores personas si creemos en Jesús y seguimos sus enseñanzas.

He aquí dos versículos bíblicos sobre la vida de Pablo:

Hechos 9:3-6 - «Mientras iba por el camino y se acercaba a Damasco, de repente una luz del cielo brilló a su alrededor. Cayó al suelo y oyó una voz que le decía: «Saulo, Saulo, ¿por qué me persigues? Él respondió: «¿Quién eres, Señor? Y el Señor le dijo: Yo soy Jesús, a quien tú persigues. Pero levántate y entra en la ciudad, y se te dirá lo que debes hacer.

2 Timoteo 4:7-8 - «He peleado la buena batalla, he terminado la carrera, he guardado la fe. Además, me está reservada la corona de justicia; el Señor, juez justo, me la dará en aquel día, y no sólo a mí, sino también a todos los que han amado su venida.»

La resurrección de Jesús

Hace mucho tiempo, en un país llamado Israel, vivía un hombre extraordinario llamado Jesús. La gente lo amaba porque curaba a los enfermos, alimentaba a las multitudes con poca comida y enseñaba cosas maravillosas. Pero algunos de los líderes religiosos estaban celosos de él y querían detenerlo.

Un día consiguieron capturar a Jesús y lo juzgaron injustamente, lo torturaron y finalmente lo condenaron a muerte clavándolo en una cruz. Los amigos de Jesús se entristecieron mucho al verle sufrir y morir de esa manera.

Pero tres días después, sucedió algo increíble: ¡Jesús resucitó de entre los muertos! Las mujeres que visitaron su tumba por la mañana temprano se sorprendieron al ver que la piedra que cubría la entrada del sepulcro había sido removida y que la tumba estaba vacía. Un ángel se les apareció y les dijo que Jesús había resucitado de entre los muertos, y que fueran a decírselo a sus discípulos.

Al principio, a los discípulos les costó creerlo. Pero entonces se les apareció Jesús, vivo y sano, mostrándoles las cicatrices de sus manos y pies para demostrar que era el mismo Jesús que había sido crucificado.

La resurrección de Jesús es un milagro extraordinario e importante para los cristianos, porque demuestra que Jesús es algo más que un maestro o un sanador: es el Hijo de Dios, y su muerte y resurrección nos permiten recibir el perdón de Dios por nuestros pecados y tener vida eterna con Él.

He aquí dos versículos que hablan de la resurrección de Jesús:

«No está aquí, porque ha resucitado, tal como dijo. Venid a ver el lugar donde yacía». (Mateo 28:6)

«Pero Dios lo resucitó de entre los muertos, librándolo de los dolores de la muerte, porque no era posible que fuera retenido por ella». (Hechos 2:24)

Estos versículos dan testimonio de la resurrección de Jesús de entre los muertos, una prueba contundente de su divinidad y victoria sobre la muerte. También ponen de relieve la importancia de las profecías bíblicas y la fidelidad de Dios a sus promesas. La resurrección de Jesús es el fundamento de la fe cristiana, que nos da la esperanza de la vida eterna y la certeza de que Dios tiene el poder de salvarnos de la muerte.

Pentecostés

Pentecostés es una fiesta cristiana que celebra el día en que el Espíritu Santo descendió sobre los discípulos de Jesús. Después de morir y resucitar, Jesús se apareció a sus discípulos durante cuarenta días, enseñándoles y hablándoles de Dios. Antes de irse al cielo, prometió enviarles el Espíritu Santo para ayudarles en su misión de proclamar la buena nueva del Evangelio.

El día de Pentecostés, los discípulos estaban todos juntos en una casa. De repente, oyeron un ruido como el soplo de un fuerte viento, y unas lenguas de fuego parecían posarse sobre cada uno de ellos. Se llenaron del Espíritu Santo y empezaron a hablar en otras lenguas, de modo que todos podían entenderles. Fue un milagro increíble.

La gente de fuera se sorprendió al oír a los discípulos hablar en su propia lengua, y algunos incluso pensaron que estaban borrachos. Pero Pedro, uno de los discípulos de Jesús, se levantó y empezó a explicarles que lo que habían visto era el cumplimiento de una profecía del Antiguo Testamento. Les dijo que Dios había enviado a su Hijo, Jesús, a morir por los pecados del mundo, y que ahora, por el poder del Espíritu Santo, todos los que creen en él pueden recibir la salvación y llenarse de alegría.

Pentecostés es un día importante para los cristianos porque es el día en que el Espíritu Santo vino a morar en ellos y los equipó para hacer la obra de Dios en la tierra. Es un recordatorio de que Dios nos da la fuerza y la sabiduría que necesitamos para vivir nuestras vidas y mostrar su amor a los demás.

He aquí dos versículos bíblicos sobre Pentecostés:

Hechos 2:4 - «Y fueron todos llenos del Espíritu Santo, y comenzaron a hablar en otras lenguas, según el Espíritu les daba que hablasen.»

Hechos 2:38 - «Y Pedro les dijo: Arrepentíos, y bautícese cada uno de vosotros en el nombre de Jesucristo para perdón de los pecados; y recibiréis el don del Espíritu Santo.»

CRÉDITOS

Imágenes: Freepik.com por BRGFX y Macrovector

Made in the USA
Las Vegas, NV
10 September 2023

77405267R00031